Karina Stieler/Kristiana Heinemann

Laubsägearbeiten

Tiere für den Garten

AUGUSTUS

Inhalt

Material und Technik

Holz

Verwenden Sie für Ihre Arbeiten Fichten- oder Pappelsperrholz in den angegebenen Dicken sowie Balsaholzbrettchen. Balsaholzbrettchen sind jedoch für die meisten Tiermotive zu schmal, deswegen wird im Profi-Tipp (siehe erste Umschlaginnenseite) beschrieben, wie diese zusammengeleimt werden.

Sie können natürlich auch dünnere Sperrholzplatten für Ihre Objekte verwenden. Der Vorteil ist, dass die Formen dann mit der Handlaubsäge ausgesägt werden können.

Für Materialdicken ab 11 mm brauchen Sie eine Dekupiersäge. Mit ihr lassen sich Weichholzbretter mit einer Dicke bis zu etwa 30 mm sägen. Aufgrund des Preisgefüges bei guten Geräten lohnt sich die Anschaffung aber nur, wenn Sie wirklich viel sägen wollen. Eine Dekupiersäge gehört übrigens keinesfalls in Kinderhände.

Übertragen der Vorlagen

Für das Übertragen der Vorlagen benötigen Sie Kohlepapier.
Schieben Sie das Kohlepapier zwischen Vorlagenbogen und Holz (mit der Schichtseite zum Holz) und zeichnen Sie die Linien und Außenformen durch. Dazu eignet sich ein Kugelschreiber oder ein Bleistift (HB). Nicht zu fest aufdrücken, sonst entstehen Rillen im Holz (vor allem im weichen Balsaholz), die sehr störend wirken.

Schleifen

Nachdem die Objekte ausgesägt worden sind, werden sie geschliffen. Dazu Schleifpapier mit der Körnung 240 verwenden. Schleifen Sie gründlich alle Unebenheiten ab, denn ein glatt geschliffenes Objekt lässt sich viel exakter bemalen.

Grundieren

Vor der Bemalung muss das Holz grundiert werden. Die Farben wirken brillanter, außerdem schützt eine Grundierung gegen Verwitterung. Für die Grundierung eignet sich Gesso (Kreidegrundierung) oder weiße Acrylfarbe.

Bemalen

Zum Bemalen verwenden Sie am besten Bastelfarbe (Plakatfarbe). Sie wird in zahlreichen Farbtönen in kleinen Gläsern angeboten, ist mit Wasser verdünnbar und geschmeidig in der Konsistenz. Außerdem sind die Farben untereinander mischbar.

In diesem Buch finden Sie bei jedem Objekt hinter den einzelnen Farbangaben jeweils eine Nummer. Diese wiederholen sich auf dem Vorlagenbogen, damit Sie genau wissen, in welcher Farbe die Einzelteile des Motivs angemalt werden müssen. Bei den Farbmischungen steht immer das Mischungsverhältnis (z.B. 1:1) dabei.

Die selber gemischten Farben lassen sich sehr gut in Filmdöschen aufbewahren. Ideal sind weiße, leicht durchsichtige Filmdosen, weil Sie darin die Farben erkennen können, ohne den Deckel öffnen zu müssen. Achten Sie bei größeren Flächen immer darauf, genug Farbe anzumischen.

Pinsel & Co.

Die verwendeten Pinsel müssen nach jedem Gebrauch gründlich mit Wasser abgespült werden, denn die getrocknete Bastelfarbe ist nahezu wasserfest und ein nicht gereinigter Pinsel somit ruiniert.
Kaufen Sie gute Pinsel, denn es ist sehr umständlich, Pinselhaare aus der nassen Farbe herauszufischen.
Dünne Konturen und feine Spitzen malen Sie mit einem Aquarellpinsel der Stärke 1 bis 2. Größere Flächen legen sie am einfachsten und schnellsten mit einem breiten Haarpinsel an.
Feine Haare und Linien können Sie mit Tuschefüller oder Folienfilzstift einzeichnen. Auch Buntstifte und Lackstifte sind für zarte Bemalungen geeignet.

Lack

Da die Holztiere Witterungseinflüssen ausgesetzt sind, müssen sie zum Schluss mit mehreren Lagen Klarlack (oder Bootslack) überzogen werden. Lassen Sie das Objekt nach jedem Durchgang gut trocknen. Nicht zu viel Lack mit dem Pinsel aufnehmen, sonst entstehen störende Läufer.

Befestigung

Die Holztiere werden mit Metall- oder Holzstäben im Boden befestigt. Deswegen muss unten am Objekt ein Loch gebohrt werden. Der Durchmesser des Loches ist natürlich von der Holzdicke abhängig. Bei den hier vorgestellten Objekten wurden Stäbe mit einem Durchmesser von 6 mm gewählt, aber auch dünnere gewähren eine gute Stabilität.

Eichhörnchen

Vorlagenbogen Seite A

Das Eichhörnchen ist ein richtiger Akrobat des Waldes. Es benutzt seinen langen buschigen Schwanz als Steuer und schnellt in meterweiten Sprüngen durch die Baumkronen.

Das wird gebraucht

Balsaholz, 15 mm dick
Holzleim
Grundierung in Weiß (Gesso oder Acrylfarbe)
240er-Schleifpapier
Holzbohrer, 2 mm Ø
wetterfester Klarlack in Seidenmatt
Blumendraht
Bastelfarbe in Rotbraun (1), Weiß/Rotbraun, 1:1 (2), Dunkelbraun (3), Weiß (4), Schwarz (5), Hautfarbe (6) und Hellblau (7)

So wird's gemacht

Für das Eichhörnchen müssen Sie zwei Balsabrettchen zusammenleimen (siehe Beschreibung »Profi-Tipp« auf der ersten Umschlaginnenseite). Wenn Sie eine Dekupiersäge haben, können Sie auch Fichtenleimholz verwenden, dann sparen Sie sich den Leimvorgang.

Übertragen Sie das Eichhörnchen, wie auf Seite 3 beschrieben, vom Vorlagenbogen auf das Holz und sägen Sie das Motiv aus. Alle Kanten schleifen. Bohren Sie an den markierten Stellen stirnseitig die Löcher in den Holzrohling. Anschließend wird das Tier weiß grundiert und nach dem Trocknen nochmals geschliffen. Danach können Sie mit der Bemalung beginnen. Eventuell müssen Sie die Linien vorher erneut nachzeichnen.

Überziehen Sie das fertig bemalte Eichhörnchen mit mindestens drei Schichten Lack. Fädeln Sie Blumendraht durch die gebohrten Löcher und befestigen Sie so das Eichhörnchen an einem Ast.

Erpel

Vorlagenbogen Seite A

Mit seinem schillernden Federkleid lockt der Erpel die Entendamen an.

So wird's gemacht

Leimen Sie zwei Balsabrettchen zusammen (siehe Beschreibung »Profi-Tipp« auf der ersten Umschlaginnenseite). Mit einer Dekupiersäge können Sie auch Fichtenleimholz sägen, das in verschiedenen Breiten erhältlich ist.

Übertragen Sie den Erpel, wie auf Seite 3 beschrieben, vom Vorlagenbogen auf das Balsaholz (die Flügel und die Schwanzfedern auf das Sperrholz) und sägen Sie alle Teile aus. Die Kanten schleifen.
Bohren Sie unten stirnseitig in den Entenkörper ein 6 mm großes Loch.
Kleben Sie mit Alleskleber die Flügel und Schwanzfedern am Entenkörper fest. Dann wird das Tier weiß grundiert und nochmals geschliffen. Sie können nun mit der Bemalung beginnen.
Eventuell müssen Sie die Linien vorher erneut nachzeichnen.
Überziehen Sie die fertige Figur mit mindestens drei Schichten Lack.

Das wird gebraucht

Balsaholz, 15 mm dick
Sperrholz, 4 mm dick
Holzleim
Alleskleber
Holzbohrer, 6 mm Ø
Grundierung in Weiß (Gesso oder Acrylfarbe)
240er-Schleifpapier
wetterfester Klarlack in Seidenmatt
Bastelfarbe in Mittelgelb (1), Dunkelgrün (2), Dunkelbraun (3), Weiß (4), Schwarz (5), Hellgrau (6), Dunkelgrau (7), Hellblau (8) und Mittelbraun (9)

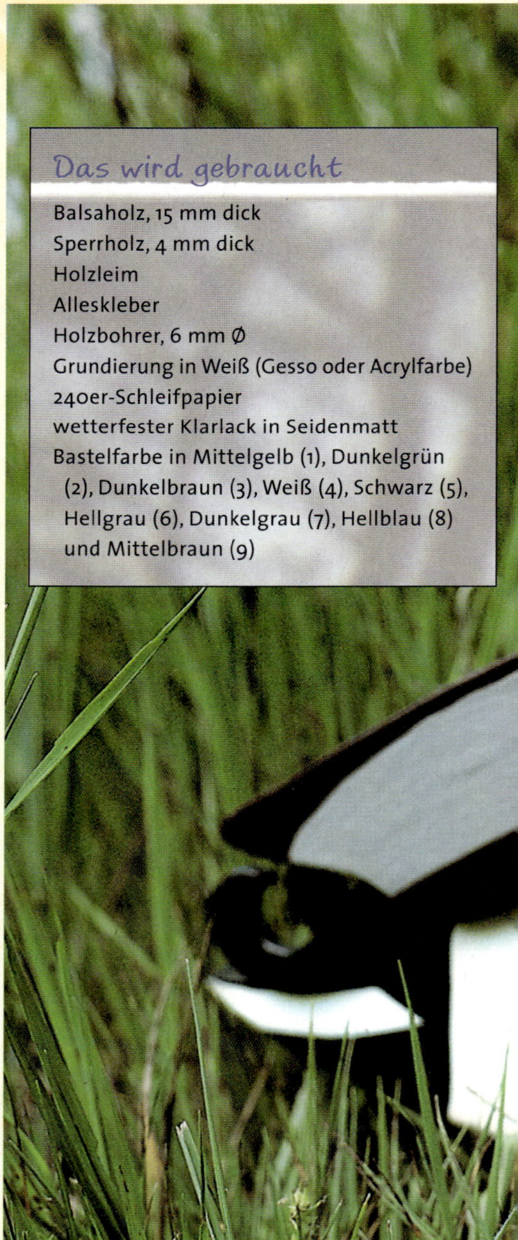

Großer Ochsenfrosch

Vorlagenbogen Seite A

Der Ruf des Ochsenfrosches erinnert an das Brüllen eines Rindes. Das hier vorgestellte Exemplar wird sich mit dem Erzeugen von Geräuschen jedoch zurückhalten ...

So wird's gemacht

Leimen Sie für den Frosch zwei Balsabrettchen zusammen (siehe Beschreibung »Profi-Tipp« auf der ersten Umschlaginnenseite). Mit einer Dekupiersäge können Sie den Ochsenfrosch auch aus einem breiten Fichtenleimholzbrett aussägen.

Übertragen Sie den Frosch, wie auf Seite 3 beschrieben, vom Vorlagenbogen auf das Balsaholz (Vorder- und Hinterbeine auf das Sperrholz) und sägen Sie alle Teile aus. Schleifen Sie die Kanten mit Schleifpapier. Bohren Sie unten stirnseitig in den Holzrohling, wie angegeben, zwei 6 mm große Löcher. Kleben Sie mit Alleskleber die Beine am Froschkörper fest. Anschließend wird das Tier weiß grundiert und nach dem Trocknen nochmals geschliffen. Sie können es nun bemalen. Eventuell müssen Sie die Linien vorher erneut nachzeichnen.

Überziehen Sie den fertig bemalten Ochsenfrosch mit mindestens drei Schichten Lack.

Das wird gebraucht

- Balsaholz, 15 mm dick
- Sperrholz, 4 mm dick
- Holzleim
- Alleskleber
- Holzbohrer, 6 mm Ø
- Grundierung in Weiß (Gesso oder Acrylfarbe)
- 240er-Schleifpapier
- wetterfester Klarlack in Seidenmatt
- Bastelfarbe in Mittelgelb (1), Hellgelb (2), Mittelbraun (3), Hellgrau (4), Dunkelgrau (5), Dunkelbraun (6), Olive/Weiß, 1:1 (7), Olive (8), Olive/Weiß, 1:2 (9), Ocker (10) und Ocker/Weiß, 1:1 (11)

Eisvogel

Vorlagenbogen Seite A

Den Eisvogel sieht man bei uns leider nur sehr selten. Mit seinem farbenprächtigen Federkleid macht er jedoch schon von weitem auf sich aufmerksam.

Das wird gebraucht

Leimholz, 18 mm dick
Grundierung in Weiß (Gesso oder Acrylfarbe)
240er-Schleifpapier
Holzbohrer, 6 und 8 mm Ø
Holzdübel, 6 mm Ø
Holzleim
Holzpfosten
wetterfester Klarlack in Seidenmatt
Bastelfarbe in Rotbraun (1), Scharlachrot (2), Weiß (3), Schwarz (4), Türkisblau (5), Türkisblau/Weiß, 1:1 (6) und Türkisblau/Schwarz, 2:1 (7)

So wird's gemacht

Übertragen Sie den Vogel, wie auf Seite 3 beschrieben, vom Vorlagenbogen auf das Holz und sägen Sie ihn aus. Alle Kanten schleifen.

Bohren Sie an der markierten Stelle stirnseitig ein 6 mm großes Loch in den Holzrohling. Legen Sie den Rohling dazu flach auf den Tisch nahe der Kante. Dann können Sie waagerecht bohren. Anschließend wird das Tier weiß grundiert und nach dem Trocknen nochmals geschliffen. Sie können nun mit der Bemalung beginnen. Eventuell müssen Sie die Linien vorher erneut nachzeichnen.

Überziehen Sie den fertig gestellten Eisvogel mit mindestens drei Schichten Lack.
Bohren Sie nun ein 8 mm großes Loch in den Holzpfosten (nahe der Kante) und leimen Sie den Eisvogel mit dem Holzdübel am Pfosten fest.

Waschbär

Vorlagenbogen Seite B

Der Waschbär ist ein nachtaktives Tier. Seine Hauptnahrung stellen Insekten, Schnecken, Beeren und Früchte dar.

Das wird gebraucht

- Balsaholz, 20 mm dick
- Holzleim
- Grundierung in Weiß (Gesso oder Acrylfarbe)
- 240er-Schleifpapier
- Holzbohrer, 6 mm Ø
- wetterfester Klarlack in Seidenmatt
- Bastelfarbe in Rotbraun (1), Dunkelgrau (2), Mittelbraun/Dunkelgrau, 1:1 (3), Mittelbraun/Hellgrau/ Weiß, 1:1:1 (4), Schwarz (5), Weiß (6), Mittelgelb (7), Ocker (8) und Dunkelgrün (9)

So wird's gemacht

Das Brett, aus dem Sie den Waschbären aussägen, müssen Sie zusammenleimen (siehe Beschreibung »Profi-Tipp« auf der ersten Umschlaginnenseite). Die einfache Umrissform kann aber auch aus Leimholz mit der Stich- oder Dekupiersäge gesägt werden.

Übertragen Sie das Tiermotiv, wie auf Seite 3 beschrieben, vom Vorlagenbogen auf das Holz und sägen Sie es aus. Alle Kanten schleifen. Bohren Sie an den markierten Stellen die Löcher stirnseitig in den Holzrohling. Anschließend wird das Tier weiß grundiert und nach dem Trocknen nochmals geschliffen. Beginnen Sie nun mit der Bemalung. Eventuell müssen Sie die Linien vorher erneut nachzeichnen.

Setzen Sie zum Schluss Lichtpunkte in die Augen, auf die Nase und die Krallen. Das lässt den Waschbären lebendiger wirken.

Überziehen Sie den fertig bemalten Waschbären mit mindestens drei Schichten Lack.

Frischling

Vorlagenbogen Seite B

Die jungen Wildschweine tragen auffällige Streifen am Körper. Wildschweine leben in Gruppen zusammen, aber die alten Keiler bleiben Einzelgänger.

So wird's gemacht

Für den Frischling leimen Sie mehrere Balsabrettchen zusammen (siehe »Profi-Tipp« auf der ersten Umschlaginnenseite). Wenn Sie eine Dekupiersäge haben, können Sie auch Fichtenleimholz verwenden, dann sparen Sie sich den Leimvorgang.
Übertragen Sie das Tiermotiv, wie auf Seite 3 beschrieben, vom Vorlagenbogen auf das Holz und sägen Sie es aus. Alle Kanten schleifen. Bohren Sie an den markierten Stellen die Löcher stirnseitig in den Holzrohling. Anschließend wird das Tier weiß grundiert und nach dem Trocknen nochmals geschliffen. Nun sorgfältig bemalen. Eventuell müssen Sie die Linien vor dem Bemalen erneut nachzeichnen.

Setzen Sie am Schluss Lichtpunkte auf die Hufe und in die Augen des Schweinchens. Ein paar Grashalme in Olive auf die grüne Standfläche gemalt, lassen das Motiv plastisch wirken.

Überziehen Sie das fertig bemalte Schweinchen mit mindestens drei Schichten Lack.

Das wird gebraucht

- Balsaholz, 15 mm dick
- Holzleim
- Grundierung in Weiß (Gesso oder Acrylfarbe)
- 240er-Schleifpapier
- Holzbohrer, 6 mm Ø
- wetterfester Klarlack in Seidenmatt
- Bastelfarbe in Mittelbraun (1), Ocker (2), Hautfarbe/Weiß, 1:1 (3), Weiß (4), Schwarz (5), Dunkelgrau (6), Hellgrau (7), Dunkelgrün (8) und Olive (9)

Buntspecht

Vorlagenbogen Seite A

Der Buntspecht ist der häufigste Specht in unseren Wäldern. Seine Nahrung sucht er vorwiegend unter der Rinde der Bäume. Er klopft dazu mit seinem Meißelschnabel den Baum ab und untersucht ihn so auf Bohr- und Fraßgänge von Insekten.

Das wird gebraucht

- Balsaholz, 15 mm dick
- Holzleim
- Grundierung in Weiß (Gesso oder Acrylfarbe)
- 240er-Schleifpapier
- Holzbohrer, 2 mm Ø
- wetterfester Klarlack in Seidenmatt
- Blumendraht
- Bastelfarbe in Scharlachrot (1), Hautfarbe (2), Orange (3), Weiß (4), Schwarz (5), Hellgrau (6) und Dunkelgrau (7)

So wird's gemacht

Übertragen Sie den Buntspecht, wie auf Seite 3 beschrieben, vom Vorlagenbogen auf das Holz und sägen Sie ihn aus. Schleifen Sie alle Kanten.

Bohren Sie an den markierten Stellen die Löcher in den Holzrohling. Anschließend wird der Vogel weiß grundiert und nach dem Trocknen erneut geschliffen. Sie können nun mit der Bemalung beginnen. Eventuell müssen Sie die Linien vorher noch einmal nachzeichnen.

Versehen Sie den fertig bemalten Specht mit mindestens drei Lackschichten.
Fädeln Sie Blumendraht durch die gebohrten Löcher und befestigen Sie so den Buntspecht an einem geeigneten Baum.

Saatkrähe

Vorlagenbogen Seite C

Die Saatkrähe wird fast einen halben Meter groß. Sie hat eine heisere und krächzende Stimme. Man sagt den Krähenvögeln nach, dass sie besonders intelligent und lernbegabt sind.

Das wird gebraucht

Balsaholz, 15 mm dick
Holzleim
Grundierung in Weiß (Gesso oder Acrylfarbe)
240er-Schleifpapier
Holzbohrer, 6 mm Ø
wetterfester Klarlack in Seidenmatt
Bastelfarbe in Hautfarbe (1), Hellgrau (2), Dunkelgrau (3), Weiß (4), Schwarz (5), Olive (6), Mittelbraun (7), Dunkelbraun (8), Türkisblau/Schwarz, 2:1 (9) und in verschiedenen Grüntönen (10)

So wird's gemacht

Das Holz für die Saatkrähe müssen Sie, wie unter »Profi-Tipp« (erste Umschlaginnenseite) erklärt, aus mehreren Balsabrettchen zusammenleimen. Wenn Sie eine gute Dekupiersäge haben, können Sie auch Fichtenleimholz verwenden, dann sparen Sie sich den Leimvorgang.

Übertragen Sie das Tiermotiv, wie auf Seite XXX beschrieben, vom Vorlagenbogen auf das Holz und sägen Sie es aus. Alle Kanten glatt schleifen.

Bohren Sie an den markierten Stellen stirnseitig die Löcher in den Holzrohling. Anschließend wird das Tier weiß grundiert und nach dem Trocknen erneut geschliffen. Sie können nun mit der Bemalung beginnen. Eventuell müssen Sie die Linien vorher noch einmal nachzeichnen.

Setzen Sie zum Schluss Lichtpunkte in die Augen, auf den Schnabel, die Flügel und die Beine. So entsteht ein lebendiger Eindruck.

Lackieren Sie die sorgfältig bemalte und getrocknete Krähe mindestens dreimal.

Fischotter

Vorlagenbogen Seite C

Dieser neugierige und verspielte Geselle schwimmt mit weichen und geschmeidigen Bewegungen durchs Wasser. Der Eingang seiner selbst gegrabenen Höhle liegt immer unter Wasser.

Das wird gebraucht

- Sperrholz, 13 mm dick
- Holzbohrer, 6 mm Ø
- Grundierung in Weiß (Gesso oder Acrylfarbe)
- 240er-Schleifpapier
- wetterfester Klarlack in Glänzend oder Seidenmatt
- Lackstift in Weiß
- Bastelfarbe in Dunkelbraun (1), Schwarz (2), Weiß (3), Hellbeige (4), Rosa (5), Hellgrau (6), Türkis (7) und Grün (8)

So wird's gemacht

Übertragen Sie den Otter vom Vorlagenbogen auf das Sperrholz (siehe Anleitung auf Seite 3).

Sägen Sie das Objekt aus und glätten Sie die Unebenheiten mit einem feinen Schleifpapier. Bohren Sie an der markierten Stelle stirnseitig ein 6 mm großes Loch in den Holzrohling. Das Tier wird dann mit Grundierung eingestrichen und nach dem Trocknen wieder geglättet. Falls die Linien verschwunden sind, müssen sie noch einmal übertragen werden.

Jetzt beginnen Sie mit der Bemalung. Setzen Sie zum Schluss Lichtpunkte in die Augen und aufs Fell.

Raufußkauz mit Jungvögeln

Vorlagenbogen Seite D

Der Raufußkauz ist kleiner als der Waldkauz. Beide Vogelarten nisten in Baumhöhlen.

Das wird gebraucht

Pappelsperrholz, 13 mm dick
Grundierung in Weiß (Gesso oder Acrylfarbe)
240er-Schleifpapier
Holzbohrer, 2 mm Ø
wetterfester Klarlack in Glänzend oder Seidenmatt
Folienfilzstift in Schwarz
Bastelfarbe in Schwarz (1), Dunkelgelb (2), Orange (3), Weiß (4), sand (5), Mittelbraun (6), Mittelbraun/Schwarz (= Dunkelbraun), 3:1 (7), Mittelbraun/Schwarz (= Schwarzbraun), 3:2 (8), Dunkelgelb/sand (= Ocker), 1:1 (9) und Weiß/Schwarz (= Grau), 2:1 (10)

So wird's gemacht

Übertragen Sie die Vorlage auf das Holz (siehe Anleitung auf Seite 3) und sägen Sie die Form aus. Bohren Sie an der markierten Stelle stirnseitig ein 2 mm großes Loch in den Holzrohling. Anschließend alle Kanten sorgfältig glätten.

Die Eulenfamilie wird weiß grundiert und nach dem Trocknen nochmals geschliffen. Wenn Ihre Grundierung zu deckend war und die Linien nur noch schwer erkennbar sind, müssen diese noch einmal übertragen werden.

Nun beginnen Sie mit der Bemalung. Die Bauchfedern der Kauzküken können Sie auch Nass in Nass malen. Für die feinen Krallen nehmen Sie am besten einen schwarzen Folienfilzstift.
Lackieren Sie das fertige Objekt mindestens dreimal. Zwischen den einzelnen Lackierungen immer gut trocknen lassen.

Gartenschläfer

Vorlagenbogen Seite D

Der nachtaktive Gartenschläfer macht es sich gern in einem verlassenen Nest gemütlich. Er frisst Früchte und Schösslinge, Knospen, Samen, Bucheckern und Haselnüsse. Aber auch Insekten, Larven, Spinnen und junge Vögel stehen auf seinem Speiseplan.

Das wird gebraucht

- Sperrholz, 13 mm dick
- Holzbohrer, 6 mm Ø
- Grundierung in Weiß (Gesso oder Acrylfarbe)
- 240er-Schleifpapier
- wetterfester Klarlack in Glänzend oder Seidenmatt
- feiner Filzstift in Schwarz
- feiner Pinsel (Stärke 1)
- Bastelfarbe in Pink/Weiß (= Rosa), 1:1 (1), Schwarz (2), Sand (3), Schwarz/Weiß (= Grau), 1:1 (4), Scharlachrot (5), Orange (6), Mittelbraun (7) und Weiß (8)

So wird's gemacht

Nach dem Übertragen der Linien auf das Holz (siehe Anleitung auf Seite 3) wird die Form ausgesägt. Bohren Sie an der markierten Stelle stirnseitig ein 6 mm großes Loch in den Holzrohling. Anschließend schleifen, bis der Rohling geglättet ist.

Dann wird das Objekt mit Gesso oder Acryl grundiert. Nochmals schleifen und die Linien eventuell nachzeichnen.

Jetzt beginnen Sie mit der Bemalung. Für die feinen Bereiche benötigen Sie einen Pinsel der Stärke 1. Nach dem Trocknen der Farben zeichnen Sie die Barthaare mit Filzstift auf.

Überziehen Sie den fertig bemalten Gartenschläfer mit mindestens drei Schichten Klarlack.

Igel

Vorlagenbogen Seite C

Als Schneckenvertilger ist er uns stets willkommen. Leider fallen viele dieser drolligen Gesellen dem Straßenverkehr zum Opfer.

So wird's gemacht

Übertragen Sie die Form und die inneren Linien vom Vorlagenbogen auf das rohe Holz (Anleitung siehe Seite 3). Sägen Sie anschließend den Igel aus. Vergessen Sie nicht die Bohrung für den Metallstab.

Alle Kanten und Unebenheiten werden mit Schleifpapier geglättet. Dann wird der Rohling grundiert. Danach nochmals gründlich schleifen. Falls die Linien nicht mehr sichtbar sind, müssen sie nachgezeichnet werden.

Malen Sie als Nächstes die Farbfelder aus. Im Fellbereich können Sie je nach künstlerischem Geschick durch die Nass-in-Nass-Technik interessante Strukturen schaffen. Vergessen Sie nicht, Glanzpunkte auf Nase und Augen zu setzen. Nach dem Trocknen der Farben deuten Sie die Stacheln durch feine Striche an. Das geht am besten mit einem wasserfesten feinen Filzstift.

Zum Schluss wird das Tier mit Klarlack überzogen, um es wetterfest zu machen.

Das wird gebraucht

- Sperrholz (Pappel oder Fichte), 13 mm dick
- Holzbohrer, 6 mm Ø
- Grundierung in Weiß (Gesso oder Acrylfarbe)
- 240er-Schleifpapier
- wetterfester Klarlack in Glänzend oder Seidenmatt
- feiner Filzstift in Schwarz
- Bastelfarbe in Schwarz (1), Terrakotta/Orange, 1:1 (2), Schwarz/Weiß (= Dunkelgrau), 2:1 (3), Weiß/Schwarz (= Hellgrau), 3:1 (4) und Weiß (5)

Wildkaninchen

Vorlagenbogen Seite D

Das Wildkaninchen lebt vorzugsweise an Waldrändern, denn als Pflanzenfresser holt es sich seine Nahrung aus dem Bereich der Krautschicht.

Das wird gebraucht

- Sperrholz (Fichte oder Pappel), 13 mm dick
- Holzbohrer, 6 mm Ø
- Grundierung in Weiß (Gesso oder Acrylfarbe)
- 240er-Schleifpapier
- wetterfester Klarlack in Glänzend oder Seidenmatt
- feiner Pinsel (Stärke 1)
- Bastelfarbe in Schwarz (1), sand/Französisch-Grün (= Hellbraun), 3:1 (2), sand/Französisch-Grün (= Dunkelbraun), 1:1 (3), Weiß (4) und Pink/Weiß (= Rosa), 1:3 (5)
- Buntstift in Weiß

So wird's gemacht

Die Vorlage wird vom Vorlagenbogen auf das unbehandelte Holz übertragen (siehe Anleitung auf Seite 3). Dann wird das Objekt ausgesägt. Bohren Sie an der markierten Stelle stirnseitig ein 6 mm großes Loch in den Holzrohling. Alle Unebenheiten glatt schleifen. Anschließend die Grundierung auftragen und trocknen lassen. Danach nochmals gründlich schleifen. Falls die Linien verschwunden sind, werden sie erneut nachgezogen.

Beginnen Sie jetzt mit der Bemalung. Wenn Sie die Farbflächen ausgefüllt haben, ziehen Sie mit einem feinen Pinsel die Linien von Ohr und Schnäuzchen.

Die Barthaare zeichnen Sie mit Buntstift ein. Vergessen Sie nicht die Lichter in den Augen, die auch zweifarbig sein können.

Das Tier wird zum Schluss mit drei Lagen Klarlack überzogen. Zwischen dem Auftragen der einzelnen Schichten immer gut trocknen lassen.

Murmeltier

Vorlagenbogen Seite D

Murmeltiere leben meist gesellig und graben Erdbaue. Dieser Wonnebrocken hat schon genug Speck zum Überwintern angesetzt.

So wird's gemacht

Übertragen Sie die Vorlage auf das unbehandelte Sperrholz (siehe Anleitung auf Seite 3) und sägen Sie die Form aus. Bohren Sie an der markierten Stelle stirnseitig ein 6 mm großes Loch in den Holzrohling. Schleifen Sie alle Kanten, bis sich das Holz schön glatt anfühlt.

Als Nächstes wird der Rohling mit Grundierung gestrichen. Falls die Linien nicht mehr erkennbar sind, müssen Sie diese nachziehen. Nach dem Trocknen folgt ein zweiter Schleifdurchgang.

Nun malen Sie die Farbfelder aus. Nehmen Sie für die großen Flächen einen breiten Haarpinsel, für die schwierigeren Bereiche einen schmalen Aquarellpinsel. Verwenden Sie viel Sorgfalt auf die Augen. Sie sind für den Gesamteindruck besonders wichtig. Die schwarzen Augen hellgrau umrahmen und Glanzlichter setzen. Mit der Nass-in-Nass-Technik erzielen Sie mit schnellen Pinselstrichen an Brust und Körper Fellstrukturen.

Das wird gebraucht

- Pappelsperrholz, 13 mm dick
- Holzbohrer, 6 mm Ø
- 240er-Schleifpapier
- Grundierung in Weiß (Gesso oder Acrylfarbe)
- wetterfester Klarlack in Glänzend oder Seidenmatt
- breiter Haarpinsel
- Aquarellpinsel (Stärke 2–3)
- Bastelfarbe in Schwarz (1), Sand/Schwarz (= Hellolive), 3:1 (2), Sand/Schwarz (= Dunkelolive), 2:1 (3), Sand (4), Weiß/Schwarz (= Grau), 2:1 (5), Orange (6) und Weiß (7)

Üben Sie vielleicht vorher auf einem Probestück, dann gelingt es bestimmt.

Nach dem Trocknen machen Sie das Murmeltier mit drei Lagen Klarlack wetterfest.

Iltis

Vorlagenbogen Seite A

Der Iltis ist nur etwa halb so schwer wie der Baummarder. Seine bevorzugten Lebensräume sind Flussauen und Buschwälder am Rande von Seen. Aber auch in Siedlungen kann man ihn antreffen.

So wird's gemacht

Übertragen Sie den Iltis vom Vorlagenbogen auf das unbehandelte Holz (siehe Anleitung auf Seite 3) und sägen Sie das Objekt aus. Bohren Sie an der markierten Stelle stirnseitig ein 6 mm großes Loch in den Holzrohling. Alle Unebenheiten werden sorgfältig geschliffen, dann wird alles grundiert und nach dem Trocknen geschliffen. Sollten die Linien nun nicht mehr zu erkennen sein, müssen sie nochmals nachgezogen werden.

Malen Sie als Nächstes die Farbfelder aus. Streichen Sie die großen Bereiche deckend mit der Farbe ein. Für die Feinheiten nehmen Sie einen dünnen

Das wird gebraucht

Pappelsperrholz, 13 mm dick
Holzbohrer, 6 mm Ø
Grundierung in Weiß (Gesso oder Acrylfarbe)
240er-Schleifpapier
wetterfester Klarlack in Glänzend oder Seidenmatt
feiner Pinsel (Stärke 2–3)
Bastelfarbe in Sand (1), Schwarz (2), Terrakotta (3), Weiß/Gelb (= Hellbeige), 3:1 (4), Weiß/Schwarz (= Hellgrau), 3:1 (5) und Weiß (6)

Pinsel. Man kann auf der Abbildung gut erkennen, dass es im Stirnbereich einen allmählichen Farbübergang von Schwarz nach Terrakotta gibt. Auf der Vorlage ist dieser Teil schraffiert. Hier malen Sie die Farben Nass in Nass ineinander. Da dieser Bereich sehr klein ist und die Farben langsam trocknen, geht das sehr leicht. Vergessen Sie nicht die Lichtpunkte in den Augen. Sie sorgen für einen lebendigen Blick.

Nach dem Bemalen wird der hübsche Geselle noch mit drei Lagen Klarlack gegen das Eindringen von Feuchtigkeit geschützt.

Feldhamster

Vorlagenbogen Seite D

Der Feldhamster hat ein »buntes« Fell und ist etwa so groß wie ein Meerschweinchen. Als unverträglicher Einzelgänger gräbt er umfangreiche Gangsysteme mit mehreren Eingängen.

Das wird gebraucht

- Sperrholz, 13 mm dick
- Holzbohrer, 6 mm Ø
- 240er-Schleifpapier
- Grundierung in Weiß (Gesso oder Acrylfarbe)
- wetterfester Klarlack in Glänzend oder Seidenmatt
- feiner Folienfilzstift in Schwarz
- Aquarellpinsel (Stärke 2–3)
- Bastelfarbe in Schwarz (1), Terrakotta/Sand (= Rotbraun), 1:1 (2), Weiß/Gelb (= Hellgelb), 2:1 (3), Hautfarbe/Weiß, 1:1 (4), Weiß (5) und Dunkelgelb (6)

So wird's gemacht

Übertragen Sie die Form und die Linien vom Vorlagenbogen auf das Holz (siehe Anleitung auf Seite 3). Sägen Sie die Form aus. Bohren Sie an der markierten Stelle stirnseitig ein 6 mm großes Loch in den Holzrohling. Alle Unebenheiten und Ecken werden durch Schleifen beseitigt. Dann wird das Nagetier weiß grundiert. Nach dem Trocknen noch einmal nachschleifen. Die Linien erneuern, falls sie schlecht zu erkennen sind.

Stellen Sie von den Mischtönen genug Farbe her und beginnen Sie mit der Bemalung. Für die kleinen Formen nehmen Sie einen Aquarellpinsel. Die Barthaare zeichnen Sie erst dann mit dem Filzstift ein, wenn alle Farben getrocknet sind.

Zum Schluss wird der Feldhamster mit drei Schichten Klarlack gegen Wind und Wetter unempfindlich gemacht.

Die Deutsche Bibliothek – CIP-Einheitsaufnahme

Ein Titeldatensatz für diese Publikation ist bei Der Deutschen Bibliothek erhältlich.

Die im Buch veröffentlichten Ratschläge wurden von Verfasserinnen und Verlag sorgfältig erarbeitet und geprüft. Eine Garantie kann dennoch nicht übernommen werden. Ebenso ist die Haftung der Verfasserinnen bzw. des Verlages und seiner Beauftragten für Personen-, Sach- und Vermögensschäden ausgeschlossen.

Fotografie: Klaus Lipa, Diedorf bei Augsburg
Lektorat: Susanne Gugeler, Mering
Umschlaglayout: Karin Kristen
Reihenkonzeption: Kontrapunkt, Kopenhagen
Grafische Umsetzung: KL-Grafik, München

AUGUSTUS VERLAG, München 2002

Satz: Gesetzt aus 9,5 Punkt The Sans
Reproduktion: Repro Ludwig, A-Zell am See
Druck und Bindung: Offizin Andersen Nexö, Leipzig
Gedruckt auf 135 g umweltfreundlich chlorfrei gebleichtes Papier.

ISBN 3-8043-0932-1
Printed in Germany